# LA VIDA SECRETA DEL HOMBRE POLILLA

de Megan Cooley Peterson

CAPSTONE PRESS
a capstone imprint

Publicado por Capstone Press, una impresión de Capstone
1710 Roe Crest Drive, North Mankato, Minnesota 56003
capstonepub.com

Copyright © 2026 de Capstone. Todos los derechos reservados. Ninguna parte de esta publicación puede ser reproducida ni total ni parcialmente, ni almacenada en un sistema de recuperación, ni transmitida de ninguna forma o por ningún medio, ya sea electrónico, mecánico, fotocopia, grabación o de otro tipo. sin la autorización escrita de la casa editorial.

Los datos de catalogación previos a la publicación se encuentran disponibles en el sitio web de la Biblioteca del Congreso
ISBN 9798875236372 (tapa dura)
ISBN 9798875236327 (tapa blanda)
ISBN 9798875236334 (PDF libro electrónico)

Créditos editoriales
Editora: Abby Huff
Diseñadora: Heidi Thompson
Investigadoras de medios: Jo Miller
Especialista en producción: Tori Abraham

Resumen: En 1966, la gente de Virginia Occidental comenzó a contar historias sobre haber visto una misteriosa criatura alada, que se llegó a conocer como el Hombre Polilla. Los lectores pueden aprender los sorprendentes detalles que rodean a este críptido superrápido.

Créditos fotográficos
Alamy: Matthew Corrigan, 5; Associated Press: The Herald-Dispatch Archive, 22; Capstone Press/Matthew Stevens, 21; Shutterstock: buraktumler, 24, Dark Moon Pictures, 10, DimaSid, 25 (power plant), Djent, Cover (cup), Esteban De Armas, 11, 13, ezp, 8, Flipser, 20, goir, 12, Jack R Perry Photography, 23, JM-MEDIA, 17, 19, ktsdesign, 28, Makkuro GL, 27 (mask), Marcin Perkowski, 25 (bird), Matthew Corrigan, 7, Olinchuk, 15, PowerLord, 29 (Mothman), Sam of Art, Cover, 1 (skyline), SimpleB, Cover (Mothman), 9, stockakia, 29 (ball, glasses, umbrella), Sudowoodo, 14 (Mothman), Vldplk, 27 (Mothman), WhirlVFX - Pamela Werrell, 26, zef art, 14 (house)
elemento de diseño: Shutterstock: vecktor, Kues

Capstone no mantiene, autoriza ni patrocina los sitios web y recursos adicionales a los que se hace referencia en este libro. Todos los nombres de productos y empresas son marcas comerciales™ o marcas comerciales registradas® de sus respectivos propietarios.

Printed and bound in China. 6276

# TABLA DE CONTENIDO



Las palabras en **negritas** están en el glosario.

# CONOCE AL HOMBRE POLILLA

Parte hombre. Parte pájaro. ¿Parte polilla? Conoce al Hombre Polilla, el superhéroe del mundo de los **críptidos**. Su supervelocidad lo hizo destacar. Es posible que incluso haya intentado salvar vidas. ¿Qué más queda por saber? Sigue leyendo sobre la vida secreta del Hombre Polilla.

**DATO**

Los críptidos son animales que algunas personas creen que son reales. Pero la ciencia no ha podido demostrar que existen.

# FAN DEL HOMBRE POLILLA

La supervelocidad del Hombre Polilla lo hizo famoso. ¿Cuánto sabes sobre este críptido que vuela rápido? ¿Puedes indicar su:

**1.** ¿Su altura?

**2.** ¿Envergadura?

**3.** ¿Cuál es su momento favorito para salir?

**4.** ¿Ciudad natal?

**5.** ¿Su mayor miedo?

## RESPUESTAS

**1.** De 6 a 7 pies
(1,8 a 2,1 metros)

**2.** 10 pies (3 metros)

**3.** De noche

**4.** Point Pleasant,
Virginia Occidental

**5.** Luces brillantes

# IMPROVISANDO CON ALAS

El nombre del Hombre Polilla se debe a un pequeño insecto. Pero este críptido tiene un gran estilo. Esta **criatura** con apariencia humana se para sobre dos patas. Mide al menos 6 pies (casi dos metros) de alto. Enormes alas parecidas a las de una polilla crecen de su espalda. Los informes dicen que podría tener plumas.

¿Ves un brillo rojo en la oscuridad? Podrían ser los ojos del Hombre Polilla.

Nadie sabe desde hace cuánto tiempo está presente el Hombre Polilla. Pero siempre está listo para hacer amigos. ¡Incluso en el **cementerio**!

Los sepultureros vieron al Hombre Polilla por primera vez el 12 de noviembre de 1966 en Virginia Occidental. Los hombres dijeron que una criatura marrón volaba de árbol en árbol. ¿El críptido estaba mostrando sus habilidades de vuelo?

## DATO

Entre 1966 y 1967, hubo más de 100 avistamientos de Hombres Polilla en Virginia Occidental.

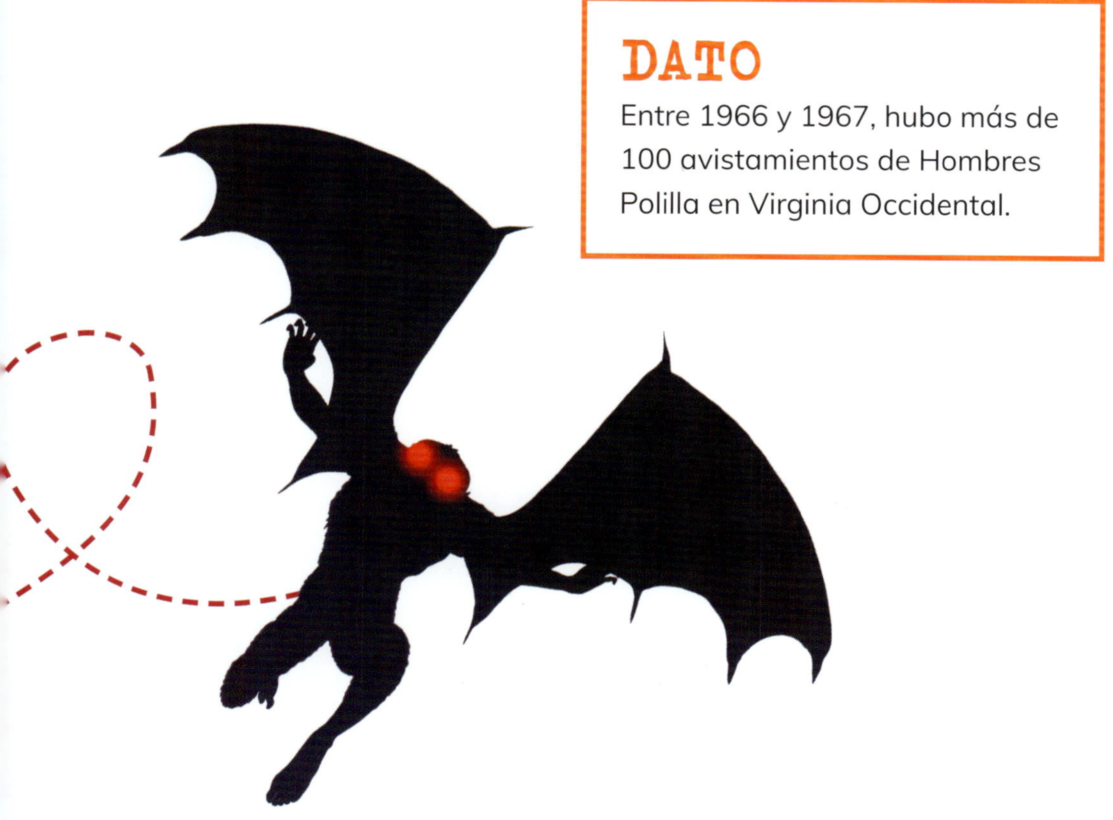

# SOLO EN CASA

El Hombre Polilla no quiere compañeros de habitación. Vive solo en una antigua fábrica de armas en Point Pleasant, Virginia Occidental. Kilómetros de túneles se encuentran debajo de la fábrica. Estos túneles son un gran lugar para que el Hombre Polilla estire sus alas.

**DATO**

Los lugareños llaman al hogar del Hombre Polilla el Área **TNT**. La fábrica fabricó TNT durante la Segunda Guerra Mundial.

¡Alto!
¡NO entre!

En 1966, una pareja que vivía cerca de la fábrica miró por la ventana. El Hombre Polilla estaba de pie en la entrada de su casa. Los miró fijamente. Luego se fue volando. ¿Tal vez el Hombre Polilla solo quería conocer a sus vecinos?

PENSILVANIA
OHIO
Point Pleasant
VIRGINIA OCCIDENTAL
KENTUCKY
VIRGINIA

# SÚPERVELOCIDAD

Nadie puede vencer al Hombre Polilla en el cielo. El críptido vuela a velocidades superiores a 100 millas (160 kilómetros) por hora. El halcón peregrino es el ave más rápida del mundo. Alcanza una velocidad máxima de aproximadamente 80 millas (130 kilómetros) por hora.

Pero el Hombre Polilla no es tan bueno en el suelo. Los testigos dicen que tropieza cuando corre.

## ¿QUIERES COMPETIR EN UNA CARRERA?

El Hombre Polilla realizó un espectáculo aéreo el 15 de noviembre de 1966. Alrededor de la medianoche, dos parejas estaban conduciendo. Condujeron cerca de la fábrica de armas en Point Pleasant. De repente, una criatura descendió en picado junto a su automóvil. El aleteo de sus alas sonaba como un helicóptero.

Las parejas aceleraron. Su coche corrió a más de 100 millas (160 kilómetros) por hora. El Hombre Polilla siguió el ritmo fácilmente.

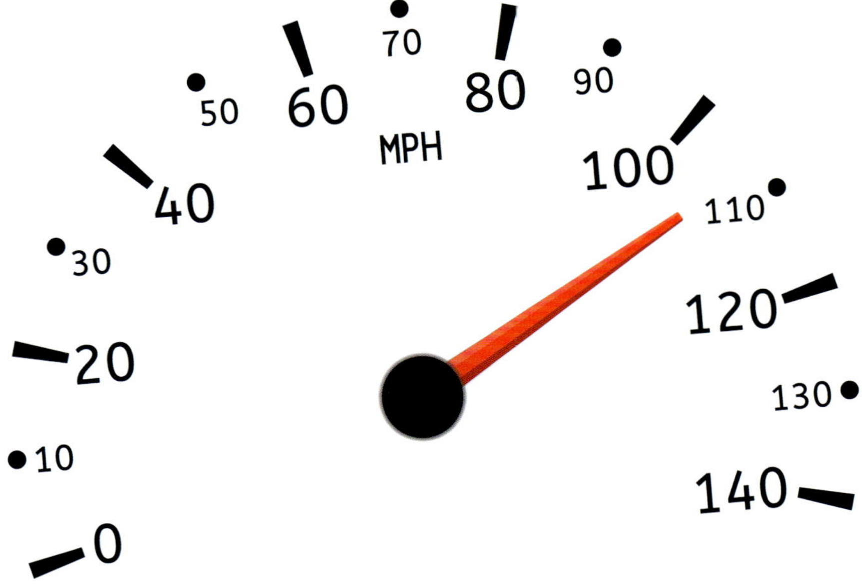


Pronto la gente entró en la ciudad. Todas las luces asustaron al Hombre Polilla. Se fue volando. ¡Si no fuera por su miedo, habría ganado esa carrera!

¡Tramposos!

# ¿HÉROE O VILLANO?

¿El Hombre Polilla está aquí para salvar el día? En 1967, el Puente Plateado se derrumbó en Point Pleasant. El Hombre Polilla había aparecido en la ciudad un año antes. Algunos creen que vino a advertir a la gente. Estaba tratando de decirles que algo malo sucedería. Después del accidente, el críptido pareció abandonar el área.

**DATO**

Otras personas creen que el Hombre Polilla causó la caída del Puente Plateado.

"Legend of the Mothman"

## PÁJARO NEGRO

El Hombre Polilla puede haber volado a Ucrania en 1986. Una planta de energía allí explotó ese año. Antes del accidente, los trabajadores vieron una criatura extraña. Tenía alas y ojos rojos brillantes. Los trabajadores lo llamaron “pájaro negro”. ¿Fue el Hombre Polilla quien vino para advertirles?

la central eléctrica

# IDENTIDAD SECRETA

Todos los superhéroes tienen una identidad secreta. Entonces, ¿cuál es la del Hombre Polilla? Algunas personas piensan que el críptido podría ser un búho grande o una grulla canadiense. Ambas aves tienen alas grandes. Pueden tener plumas grises o marrones. Las grullas canadienses tienen ojos de color naranja rojizo.

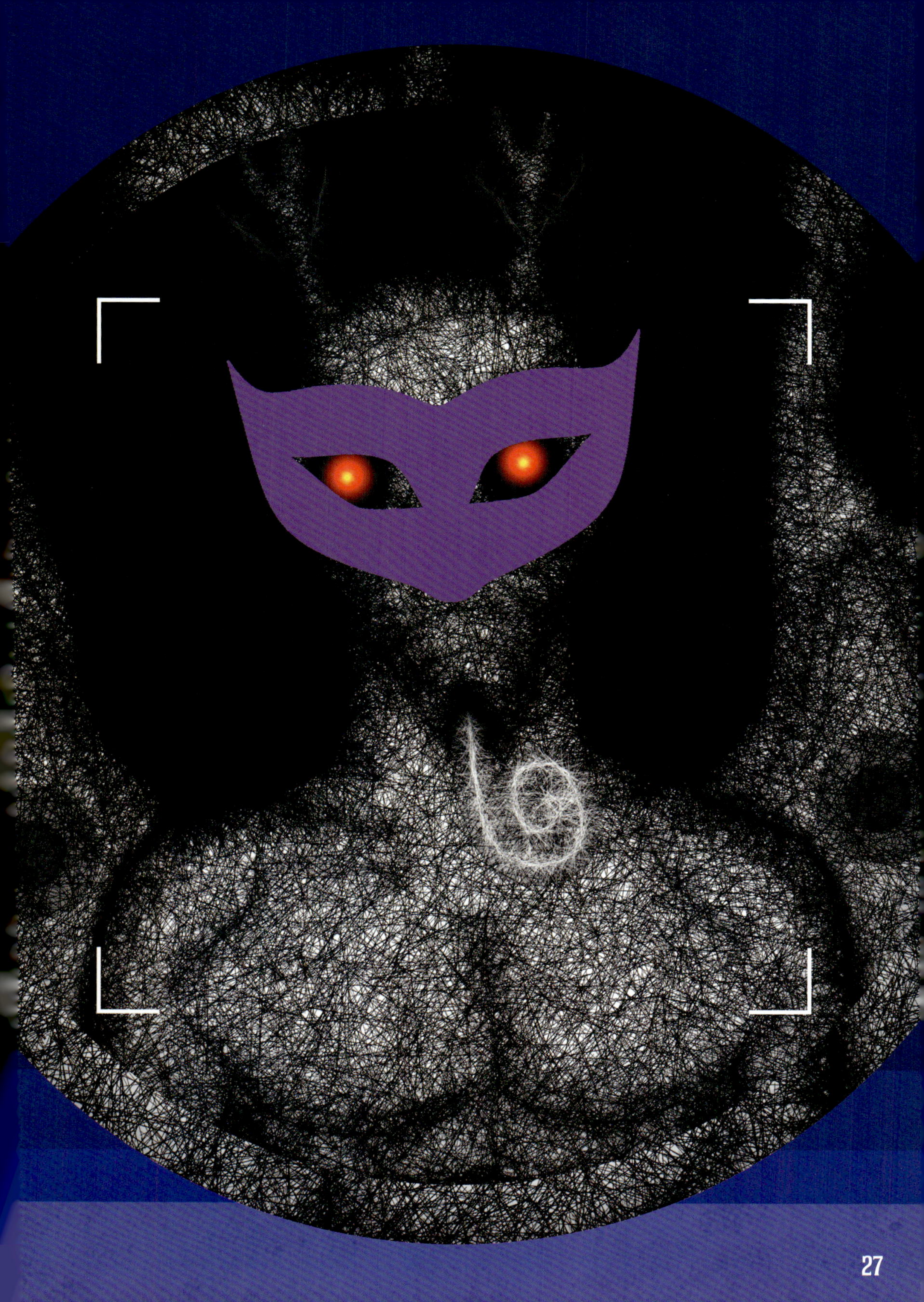

¿El Hombre Polilla vino de otro planeta? Algunos dicen que el críptido es un extraterrestre. En la década de 1960, muchas personas en Point Pleasant informaron sobre la presencia de ovnis. También vieron luces extrañas en el cielo.

¿Sería el Hombre Polilla volando en

una nave espacial? ¿Qué opinas tú?

# GLOSARIO

**accidente** (ac-ci-DEN-te): un evento repentino e inesperado que provoca una pérdida o lesión

**advertir** (ad-ver-tir): contar sobre un peligro que podría ocurrir en el futuro

**cementerio** (ce-men-TE-rio): un lugar donde se entierra a los muertos

**criatura** (cria-TU-ra): un animal extraño

**críptido** (CRÍP-ti-do): un animal cuya realidad no ha sido probada por la ciencia

**ovni**: un objeto en el cielo que se cree que es una nave espacial de otro planeta; ovni es la abreviatura de objeto volador no identificado

**testigo** (tes-TI-go): una persona que ha visto u oído algo

**TNT**: una sustancia química que se utiliza en bombas y otras armas que explotan

# SOBRE LA AUTORA

Megan Cooley Peterson ha sido una ávida lectora y escritora desde que era niña. Ha escrito libros infantiles de no ficción sobre temas que abarcan desde leyendas urbanas hasta datos asquerosos sobre animales. Vive en Minnesota con su esposo, su hija y su adorable gatito.

# ÍNDICE